Jürgen Volbracht
Wir leiden auf hohem Niveau

AF281071

Jürgen Volbracht

Wir leiden auf hohem Niveau

Gedichte

Bibliografische Information der Deutschen Nationalbibliothek:
Die Deutsche Nationalbibliothek verzeichnet diese Publikation in der
Deutschen Nationalbibliografie; detaillierte bibliografische Daten sind im
Internet über
< http://dnb.d-nb.de > abrufbar.

© 2007 Jürgen Volbracht
Herstellung und Verlag: Books on Demand GmbH, Norderstedt
ISBN: 978-3-8370-0186-0

Inhaltsverzeichnis

Vorwort

Fürwahr Allemania

Wir sind zufrieden

aber vermissen das Glück

wir sind wohlhabend

aber nicht reich

wir sind gesund

aber nicht fit

wir sind zusammen

aber nur zu zweit

wir suchen den Sinn

aber glauben ihm nicht

wahrlich

wir leiden auf hohem Niveau!

Liebe

Abschied

Was sind

fünfhundert Kilometer

Entfernung

gegen

einhundertdreißig Kilogramm

Sehnsucht?

Achtung

Viele Männer

fürs Leben

sagen nicht

wessen Leben

sie meinen.

Alles

Deine Augen

sehen die ganze Welt

und am Rande mich

deine Ohren

hören alles

und manchmal meine Stimme

deine Haut

fühlt die warme Sonne

und

viel zu selten mich

obwohl ich

also am Rande

oder gar viel zu selten

für dich bin –

bist du

alles für mich!

Alte Geliebte

Auch

nach Jahren

nehme ich

sie

immer noch

wörtlich.

Augenentzündung

Schlimme Krankheit

konnte sie

nur mit einem Auge sehen!

Autobahn

Achthundert

Kilometer

Vorfreude.

Dein kleiner Prinz

Zeig mir

unseren

kleinen Planeten!

Damit ich

Deine Dornen pflegen

und Dich vor dem Schaf

beschützen kann.

Aber bitte –

zeig Du mir unseren kleinen Planeten!

Der Tanz

Sie

hatte Angst

durch den Saal

zu fliegen!

Warum

Angst?

Dialektik

Das Alter

an sich

ist nichts Schönes

aber

vierzig Jahre Du

sprechen dagegen!

Die kleine Schwester der Liebe

Sie ist

genauso fröhlich

genauso offen

warm umarmend.

Sie ist nicht

(ganz) so fordernd

eher nachsichtig

nicht so Besitz ergreifend

eher bewahrend.

Sie ist

festes Fundament

aber nicht fundamental.

Sie ist

fast wie die Liebe

die kleine Schwester

sie ist die Freundschaft.

Die Wahrheit (und nichts als die Wahrheit!)

Schönheit

ist keine

Frage

des Alters!

Antwort

bist du

schon lange.

Drastische Reaktion

Wenn

der Geliebte

zum Arschloch

wird

solltest Du

dein Arschloch

lieben.

Scheiß was drauf!

Ehrliche Antwort

Wie

sehe ich aus

fragte die Liebe.

Schwarz

und

weiß

war die Antwort.

Ein 26. November

Frau

sei schlau –

bleib nicht

im Bau

trag es zur

Schau

Dein

schönes Gesicht

und ich

der Arme

in all meinem Grame

weit weg von dem

Charme

dem schönen Gesicht.

So ist es

schon mal –

ich ertrag

meine Qual

und

warte auf Dich.

Erfrischung

Vielleicht

war es ja doch

ein Hauch

von deinem Atem,

den ich gerade fühlte,

als der Regentropfen

mich traf.

Ewig leben

Vorgestern

waren wir

unsterblich verliebt

gestern

waren wir

unsterblich verliebt

morgen

sind wir

unsterblich verliebt

doch heute

leben wir

total verzweifelt

im Streit.

Facsimile

Die Sonne

und die Luft

der blaue Himmel

und der Blumenduft

sind Dein!

Und sei es

wie hier kopiert

zum Schein.

Falsche Vorratshaltung

Wir

haben es alle

gesehen

vor Jahren

das lodernde Feuer

der Liebe

in Euren Augen.

Gespeist

aus den Scheiten

der sehnenden Herzen.

Heute

muss man

Euch

schon sehr nah kommen

um

die Reste der Glut

leise

glimmen zu sehen.

Aber

die Herzen sehnen

heute

stärker denn je.

Lasst sie

los

tragt sie nicht fort.

Die Hoffnung auf das Feuer

die Reste der Glut

seid Ihr.

Feiertage

Gestern war Allerheiligen

täglich ist

aller Lilly

und

die Kerzen dafür

brennen nicht

auf dem Friedhof

sondern in meinem Herzen.

Flaschenlos

Als Sie

merkte,

dass er die Flasche

mehr liebte

als Sie

verließ Sie

sie.

Frauenlos

Es ist

so schade

dass

die Jungen

bei meiner Scheide

nur

an ihr Schwert

denken!

Frau über Bord

Du hast es doch

gelernt

das Manöver

– abfallen

– beobachten

– wenden

– aufnehmen!

Vorausgesetzt –

Du

hast das Ruder noch nicht

eingelegt

oder schlimmer noch

falls es nicht doch hieße

Mann über Bord.

Für Lilly

Ich

pfeif auf die Liebe

wenn

das Kribbeln bleibt

und

mein Lächeln bei Deinem Lachen

und

die Ruhe in Deinen Armen

und die Hoffnung,

dass es dauert

und dann

pfeift die Liebe

in mir.

Für die Verlassenen

Wenn

es nicht mehr

so ist,

wie es war –

so war es

doch wahr.

Glaube an die Zukunft

Bis dass der Tod

euch scheidet

ich weiß nicht

ob der liebe Gott

uns auch im Himmel

zusammenführt?

Wenn

es das Paradies gibt

wird er es tun.

Heimreise (Sülzreim)

Die Sonne geht unter

ich fahr hinterher

allmählich wird's dunkel

ich vermiss dich so sehr.

Herrliche Gewalt

Ihr Lachen

zerschmettert

die starren Balken

der Seele

mit denen

das Unglück

gestützt wird.

Die einzelnen Splitter

bilden die Sprossen

zum Glück.

Hoffnungslos eitel

Ich wette

du

hast dein Haar

abschneiden lassen

damit ich

mich besser

auf deine Lippen

konzentrieren kann.

Jasper

hoffentlich

reicht sein

unbeschreibliches

Lächeln

für sein ganzes Leben

für meines

bestimmt!

Kussmarkierung

Ich glaube nicht

dass sie extra

die Treppe heraufgefallen ist

um mir

mit der kleinen Narbe

über der Lippe

die Richtung zu zeigen.

Doch

wer weiß ...

Liebesgebirge

Hilfe

ich bin in eine Spalte gefallen

und

fühle mich sauwohl.

Lijavi *

Ein seltsames Tier!

Kommt man ihm zu nah

ist's nicht immer klar

fährt man von ihm fern

hat man's schrecklich gern.

* Lilly *Jasper *Vitus

Lilybini

Mein

Glück!

Männer

An der Bar

zu sitzen

und Dich vermissen

kann

auch ganz schön sein.

Mein Freund das Schwein

Er benimmt sich

artgerecht

und bleibt

natürlich

mein Freund.

Meine Frau

Jeder Tag

ist Glück

an dem sie

nicht widerspricht

wenn ich ihr sage

– meine Frau –

Menschenreime

Busen

schmusen

Schenkel

renkeln

Lippen

nippen

Missgunst

Sie will

ihr Gewicht nicht sagen!

Vielleicht

hat sie Angst

ich könnte zu viele Kilos

lieben?

Neue Liebe

Es ist

alles

nicht mehr so

wie es war

und doch

fast

schon wieder

Nur neue Folgen

Die Liebe

wiederholt sich nie.

Es gibt immer nur

jetzt

hier

und sofort.

Ohne Titel

Ein Doppelbett

mit Einem drin

– ist schlimm!

Ohne Titel

Später

sah ich

eine Brille

einen Ohrring

eine große Nase

doch vorher

sah ich nur

die Liebe.

Perfekte Trennung

Obwohl

sie sich nie

unmittelbar

begegnen werden,

sind

Ihre Augen

und

Ihr Mund

das perfekte Paar.

Perverses Selbstmitleid

Als ich

die Geliebte

nach langer Zeit

wiedersah

und ihren Herpes

an den Lippen,

war ich sauer,

dass er nicht

von meinen Küssen

stammen konnte.

Rechthaber

ich habe

nicht

immer recht!

Wie du!

Scharfmachen

In Solingen

wo die Klingen

gewetzt werden

will ich Dein

Schleifstein sein.

Schlechter Reim

Sie

sieht ihre Liebe

versinken

in

seinem vielen Trinken.

Schmerzhafte Erkenntnis

Wenn sie

plötzlich war

und nicht mehr ist

wenn sie

plötzlich schweigt

und

nicht mehr spricht

wenn sie

plötzlich kalt

und

nicht mehr warm

ist

wissen wir

genau

der Tod ist kein Kind.

Sonst

hätte er

die Mutter

nie sterben lassen.

Schöne Frau

Eine Augenweide

Schade

dass Weiden

Grenzen haben

Sehnsucht

Nur der Gang

im Bus

trennte uns.

Früher glaubte ich

Busse

seien viel länger

als breit.

Skiurlaub ohne Dich

Weißt du

das mindestens

25 Berge

jetzt deinen Namen

tragen?

So konnte ich wenigstens

auf Lilly gehen

auf Lilly sehen

vor Lilly stehen.

Spiegelbilder

Ich weiß nicht

ob es dem alten Spiegel

im Bad

darauf ankommt

Dich nicht

zu zeigen.

Ich weiß nur

er zeigt

allein

mein trauriges Gesicht.

Stilleben

Ein leeres Glas

vor einer Brille

dazu des Januares

Stille

ein Blick nach

drüben auf die Straße

wo Menschen

gehen mit roter Nase.

Es passt zur Zeit

dies stille Leben.

Dein Lachen

könnte ihm

den Rahmen geben.

Sturmgefahr

Der milde Hauch

mancher Frauen

lässt ahnen

dass er zu anderer Zeit

ein Orkan

hätte sein können.

Symphonie

Es sind Lieder der Liebe

die erklingen

wenn ich

mit zehn Fingern

auf ihrer Haut spiele.

Unsere Liebe

Sie fühlt

die Lasten des Alltags

für uns

viel mehr als wir.

Sie trägt

die Verantwortung

für uns

viel bewusster als wir.

Aber

sie kann uns nicht

mehr lieben

als wir sie.

Liebe ist immer unendlich!

Unsere Sonne

Die Sonne

ist sicher noch

die selbe

wie vor vielen Jahren

als wir

kopfüber verliebt waren.

Die Sonne

ist sicher noch

die selbe

in vielen Jahren

wenn wir

wieder daran denken.

Die Sonne

ist sicher noch

die selbe.

Untaugliche Liebe

Sie sieht mich

nicht oft

sie spricht mich kaum

sie fühlt mich

nur selten

und doch beschreiben

diese Adverbien des Mangels

meinen größten Schatz!

Valentinsgruß

Lilly

mein Weib

und ihr Leib

ist gescheit

Äh ...

nicht der Leib

nur der Kopf

auf dem Leib

von mein Weib

ist gescheit

Aber

der Leib

von mein Weib

ist auch gescheit

irgendwie

Irgendwie schon

alles gescheit.

Da

soll sich

noch einer auskennen

Nur

ein Gescheiter –

Bestimmt!

Verliebtheit

Nichts ist unmöglich

schrie das liebende Herz.

Du kaufst keinen Toyota

sprach der Verstand.

Ich will

weder

Klimaanlage

noch

Airbag

erwiderte das Herz.

Verlustängste

Auch

wenn ihre Blicke

wegen der Kürze

unserer Zeit

immer trauriger werden

kann ich nicht

auf einen Einzigen

verzichten.

Vitus (ein richtiges Gedicht!)

Helle Augen

kleiner Mund

große Ohren

bleib gesund!

Wunderbare Banalität

Das schönste

an gemeinsamen Wegen

ist das Leben.

Zitat und ehrlicher Wunsch

Die Liebe

sagt immerzu das Gleiche

und doch

wiederholt sie sich nie.

Ich wünsche

unendliche Fortsetzungen

oder

einen guten Schluss.

Zum Abschied

Zu viele Worte

die nichts sagen

ein Wort nur

sollte bleiben

du!

Nachtrag

Was

anders als die Welt

könnte ich dir nachtragen?

Deine

und meine

heute

und morgen.

Glaube

Cordo locuta, causa finita
– Kopftuch –

Es muss weg

dachte ich gestern

mit meinem Kreuz

um den Hals.

Es muss bleiben

dachte ich heute

mit meinem Kreuz

um den Hals.

Doch ich fühle –

auch mein Kreuz

wird nur bleiben

wenn es nicht muss.

Credo (cordo da)

Ich glaube an Gott

glaube ich

Du bist mein Schöpfer

glaube ich

An Dich meinen Herrn

glaube ich

Dir kann ich vertrauen

glaube ich

Dein Geist belebt mich

glaube ich

Dein Sohn liebt mich

glaube ich

Deine Kirche muss sich ändern

glaube ich

Ohne Dich kann ich nicht leben

glaube ich

und nicht sterben

glaube ich

zu wissen.

Destruktive Zweifel

Wenn wir

nicht mehr

an unseren Glauben

für alle glauben

sollen denn dann alle

nicht mehr glauben?

Fürbitte

Ich glaube

dass viele meiner Freunde

nicht

an dich oh Gott glauben.

Lass sie leben!

Ich bete

für sie mit!

Für dich

und mich

und meine Freunde.

Glauben

ein wenig mehr

Wärme

wenn es kalt ist

ein bisschen mehr

Ruhe

in all dem Chaos

unendlich viel mehr

Leben

im Tod.

Glaubhaft

Ein

seeliges

Gefängnis.

Gott

Wer

Herrscher

über Leben

und

Tod

ist –

dem sind

wohl beide

gleich lieb.

Hallo lieber Gott

Du trägst mich

alle Tage –

das ist schön!

Aber

hast Du

nicht schon mal Angst

ich könnte zu schwer sein?

Herr Pfarrer

ich glaube

Sie glauben

dass ich glaube

Sie glauben

ich glaube

wie Sie.

Ich glaube

Herr Pfarrer

das ist falsch.

Himmelweiter Unterschied

Ich soll bereit sein

zu hören

wo ich doch so gerne

rede.

Ich soll allein dein Wort

zu Herzen nehmen,

wo doch auch das Böse

wohnt.

Ich soll für dich

ganz frei sein,

wo ich doch so an der Erde

hänge.

Es ist ein himmelweiter Unterschied

zwischen mir

und einem guten Christen.

Hilf mir herüber!

Kirche macht ja doch allein

Kirche

Macht – Ja!

Doch

Allein.

Längere Lebenserwartung?

Früher lebte man

im christlichen Abendland

40 Jahre –

und ewig

heute

90 Jahre!

Letzte Gelegenheit

Wer glaubt

dass

sein Leben

mit dem Tod endet

für den

ist heute

immer

die letzte Gelegenheit!

Logisch

Wer

Gott sucht

muss

ihn kennen!

Nahe liegende Antwort

Was

macht dein Gott

gegen all das Böse

in der Welt?

Er hat

die Guten und das Gute

geschaffen

und

dich und mich.

Not lehrt Beten

So wahr

so klar

heute

so rar.

Ohne Titel

Wer sucht

der sieht

wer Sucht

der nicht.

Ökumene

Mein Gott

ist

mein Gott

dein Gott

ist

dein Gott.

Ohne

mein und dein

ist Gott allein.

Osterdämmerung

Im

Unentschieden

zwischen Tag

und Nacht

sehen die Augen

des Glaubens

das strahlende Licht

des Lebens.

Andere sehen

nur Grau in Grau.

Halleluja

Frohe Ostern.

Pfingsten

Ich

mache doch nichts

Böses

tönt der Verstand.

Tu Gutes

ruft der Geist

und

ich bin bei Dir!

»Psalm 91«

Wenn ich aufwache

und lache

wenn ich aufstehe

und gehe

wenn ich strebe

und einfach lebe

hast du gewacht.

Religion

Das Problem der Menschen

mit ihrem Gott

ist

dass sie sich zu oft

mit ihm verwechseln.

Scheinheilig

Wenn man

versucht

den Schein

statt die Menschen

heilig zu machen

ist das

eben scheinheilig.

Schwierige Familienverhältnisse

Der Zweifel

ist der kleine Bruder

des Glaubens.

Seelig sind die Armen im Geiste

Mal nur

für dumm gedacht –

es gäbe

die Liebe Gottes wirklich?!

Der Gedanke

wäre einen Nobelpreis wert

aber –

war ja nur

für dumm gedacht.

Seelsorger

Wenn

man die eigene

vergisst

bleiben

nur Sorgen.

Tagesgedicht

Hallo lieber Gott –

am Morgen

keine Sorgen

am Mittag

schön viel Quark

am Abend

liebe Worte

so wünsche ich mir den Tag.

Theater

Da wo Geld

keine Rolle spielt

ist es meist

der Star!

Todesangst

Gott ist tot

sagen die,

die den Tod

zum Gott machen.

Totschlag

Meine Meinung

ist

meine Meinung

bis

deine Meinung

meine Meinung

trifft.

Meine Meinung

tot.

Verflixte Treue

Was nützt es

wenn er

ihr

aber sie

nur sich

treu bleibt?

Hoffnung

50. Geburtstag

Wahrscheinlich

mehr Vergangenheit

als Zukunft.

Aber

was für eine Vergangenheit

und

welch eine Zukunft!

Abitur

Eine Fahrkarte

ins Leben

selbst gelöst

aber

noch ohne Ziel

und

bezahlt

wird auch später

Abiturklassentreffen

Die Gegenwart

hat uns wieder

es weicht Weh

dem Mut.

Gut!

Advocat

Es ist

der Geist,

der ach so fehlt;

doch den's

betrifft,

dies niemals quält!

Alkohol

Dein Freund

der

Dich als erster

verlässt

wenn

Du

ihn brauchst

Angelika

Kurze Röcke

enge Hosen

wache Augen

Zornesfalten

blonde Haare

großes Herz

frohes Lachen

gut gehalten

– und zurück.

Anna Jansen lebt

Sie

können noch so alt werden.

Sie

sterben immer zu früh.

Sie

können noch so früh sterben.

Sie

leben in jedem Kind weiter.

Sie

unsere Mütter.

Anna Jansen ist gestorben.

Sie

lebe wohl!

Auf Wiedersehen Mutter Paula

Einen Freund

hat sie mir geboren

vor vielen Jahren

mich (und ihn)

gelehrt,

dass an einem Tisch

immer noch Platz ist

für einen mehr

oder

dass »Gut« die

(möglichst häufige) Vermeidung des Bösen

ist

und

dass das alles

nichts mit Geld zu tun hat

Auch

das Teilen lieben

Liebe teilt

nun ist sie gestorben

doch ihre Liebe bleibt

aber

wir müssen sie pflegen.

Autobiographie

Jemand

der auszog

sein Maß

zu finden.

(auch eine gute Grabinschrift)

Chaostheorie, am Beispiel meines Vaters

Was sind schon

64 Jahre,

wenn das Chaos

schon ewig war?

Dampfbad

Wo der Dampf

die Kontur nimmt,

kann das Gefühl

die Schärfe zeigen.

Das Unmaß

Ein

sehr guter Freund

der

nicht Nein sagen kann.

Dialog – Danke Vitus

Es ist wichtig

mein Sohn

auch über seine

eigenen Fehler

lachen zu können!

Dann

mein lieber Vater

hast Du

offensichtlich ein ziemlich

lustiges Leben!

Die Rechnung geht nicht auf

Wem

der Fun-Faktor

das Wichtigste ist,

dem

ist das Leben

nur

ein Divisor.

Die Ruderin

Der Rücken krumm

die Beine bersten

vielleicht

reichts diesmal

ja zum

Ersten!

Ein echtes Fell kriegt keine Motten

Der Wolf

im Schafspelz

hat Motten angesetzt.

Das zerfressene Fell

betont

den gierigen Blick.

Bald fällt es

und die Motten

schwirren ab.

Der Jäger sieht sein Ziel

die Täuschung ist vorbei

der Wolf ist wieder Wolf

und die Jagd frei.

Ein Freund

Ein Freund –

neun Buchstaben

und

neun hoch neunzig

mal Gefühl!

Ein Traum

Ein Traum ist

wie ein starker Baum –

solange man ihn

nicht besteigen will.

Einer weiß es

Eins ist belegt

aber zwei

könnte neu geschrieben werden

im Lied

des Landes Israel.

Zwei Staaten

zwei Religionen

zwei Völker

oder drei

oder vier

oder ...

Und das Lied

könnten alle singen.

Entwicklung

Zwei Kleine

und zwei Große

gingen zusammen

und fanden sich

im Großen und Ganzen

zufrieden.

Erinnerung an einen gierigen Mandanten

Scheck haben

Scheck haben haben

haben Scheck haben wollen

wollen haben Scheck

Scheck woben hollen

Hölle haben Scheck

Scheck Hölle haben

Hölle haben.

Finden

das eine stirbt

das andere wird

wenn man

nur sich selbst

nicht verliert.

Franziskanerbrüder

Nicht ausgesucht

und doch gefunden,

nicht gefangen

und doch gebunden,

nicht aus Spaß

und doch voll Freude,

jeder

auf seine Art.

»Friede diesem Haus« oder Franziskanerkloster Eggenfelden

Sie sollen

milde, friedfertig,

bescheiden,

sanftmütig und demütig

sein,

sagt die Regel Franziskus

und

mit allen

anständig reden!

Wir Gäste

brauchten keinen Schiedsrichter.

Es gab keine Fouls.

Die Brüder

haben trotzdem gewonnen

und wir auch!

DANKE!

Geh-Beet!

Bio-Beutel

gutes Gemüse

mehr Mineralien

viel Vitamine

Lebens-Lieferung

für

manchmal

merkwürdig moderne Menschen!

Beim Bauern!

Gutes und schlechtes Wasser (für Johannes Wasser)

Als das Wasser

kam

und die Wassers

es sahen

da spürte die Katastrophe

die Rettung

nahen!

Handoperationsangst

Chirurg!

Hab bitte

Acht! –

Auf die Hand

meiner Frau.

Ich

brauche sie noch!

Ihre

zärtliche Hand.

Helmut

Er ist

nicht oft da,

aber nah.

Herzprobleme

Dass dein Herz

zu schwach war für dich –

lieber Freund –

liegt bestimmt daran,

dass Du

zuviel davon

verschenkt hast

an uns!

Höre Israel!

Die Stadt

ist eine Brutstätte

der Selbstmordattentäter!

Israel

schließt daraus,

die Stadt zerstören

zu dürfen.

Erinnere Dich, Israel!

wie es hieß,

bevor beschlossen wurde,

Dich zu zerstören!

In der Fremde

Es ist einfach

keiner da

der

die Tränen

trocknet.

Kalenderwechsel

Wenn die Seiten

im Kalender

weiß bleiben

von einem auf den anderen Tag –

scheint die dunkle Tinte

sich auf die Seele zu legen.

Und doch schreibt sie

nur ein neues

schönes Kapitel

im Kalender des Lebens.

Kein Widerspruch

Was die Alten

fragen

was immer sie

klagen

sie –

müssen's nicht wagen

und –

müssen's doch sagen.

Keine Alternative

Gegen

den Schmerz zu schreiben

ist

wie an Wunder zu glauben

nicht

an Wunder zu glauben

tut auch weh.

Lieber Gott

Zwei Lottospieler in Australien –

Jackpot geknackt

im Abstand von 7 (!) Jahren.

Danach beide tot.

Manchmal hast Du

einen merkwürdigen Humor.

(Radiomeldung 06.11.2003)

Mahn- mal

Was macht der Arzt?

fragte mein Freund

mich lächelnd

in weinseliger Runde.

Dieser Arzt sollte mir

helfen

aufzuhören

mich totzuleben.

Wäre doch schade,

fuhr er fort

wenn wir bald

nicht mehr gemeinsam

feiern könnten –

und prostete mir zu.

Das ist ein Freund.

Mein Herz ist klein

Gott ist ein DJ

das Leben ist die Tanzfläche

tönt es als Hit

aus dem Radio.

Ich hoffe

auf Wunschkonzert

und

Damenwahl.

Mein Pastor

Meine Seele retten

muss ich schon selbst,

aber

ihr lebendige Wärme schenken

auf dem Weg dahin,

dafür

mag ich ihn.

Meine Lichter

Wenn die Welt schwarz wird,

sieht man die Lichter.

Sie sind dann die Richter

über unser Glück!

Ihr Gesetz ist das Licht

und nicht die Dunkelheit!

Mensch frage nicht – antworte –

Als die Geschichte

vom Mensch

gefragt wurde,

wie sie denn wohl ausgehe?

Antwortete sie lächelnd:

»Anders!«

Mutter Seemann ist tot

Ich

habe sie nicht gekannt,

aber

ihren Sohn

zum Freund.

Dies Geschenk

werde ich

nie

vergelten können.

Meine Trauer

mit ihm

ist für sie.

Mein Narzissmus

Manchmal

wünschte ich

Narziss

wäre blind gewesen.

Aber das

gönne ich ihm

ja nun

auch nicht!

Missverständnis

Mangelhaft

oder gar

ungenügend

benotet der Wähler

die Leistung

seiner Politiker.

Und

lässt sie

wie gelernt

sitzen bleiben.

Nichts halbes – was Ganzes

Vater und Sohn

was ist das schon?

Der Vater

gibt ein halbes Leben

und erhält

ein Ganzes zurück.

Einfach Vaterglück.

Ohne Titel

Viele Menschen

erkennen

echte Arschlöcher

nicht,

weil sie ihnen

immer nur

ins Gesicht schauen.

Orientum

Es ist nicht wahr

erklärt die Ignoranz.

Ich mach die fertig

tobt die Aggression.

Du hast mich enttäuscht

schluckt die Resignation.

Ich nenne mich Orientum

singt die Neuorientierung.

Positive Zeitgleichung

Die gleiche Zeit

mit Euren Augen

Die gleiche Zeit

mit Eurem Lachen

Die gleiche Zeit

mit Euch

ist nicht mehr

Die gleiche Zeit

ist reiche Zeit.

Danke!

Prophezeiung

Der Letzte

überlebende Mensch

wird eine Frau sein

und

die Männer

glauben es nicht –

es hat ja

keiner von ihnen gesehen.

Rätsel Ulla

In den 50er Jahren

war sie Kind

in den 60er Jahren

jung – und

in den 70er Jahren

Frau

in den 80er Jahren

(auch Mutter), um nun

in den 90er Jahren

40 zu werden.

Wie soll das

nur im 2. Jahrtausend werden?

Rückgrat oder wie GK irrt!

Wer es

brechen will,

empfindet es

als Charakterschwäche.

Samuel (frei nach Jandel)

Du

bist der Obere

und Vater

für die Brüder im Haus.

Denk daran,

wenn Du sie formst –

brich sie nicht,

bieg sie lieber!

Satzverirrung

Ein Satz

von Ihm

nicht für Sie

kam an

bei Ihr

als Satz

von mir.

Ein Satz

von mir

für Sie

sollte lauten

Verzeihen Sie mir.

Schöne Wirtin (oder wie Alkohol den Charakter verdirbt)

Schwarz wie

ihr Haar

war ihre Kleidung.

Der Gürtel

voll Geschmeide,

doch ehrlich interessiert

hat mich allein

die Scheide.

Schwacher, aber Trost

Ein

entdecktes Vergessen

ist auch

ein

verdecktes Entdecken.

Schwierig

Alles eilt

nichts weilt

es ist einfach

nicht richtig

verteilt.

Schweine

Die Menschen nennen

andere Menschen

Schweine

weil sie

seit Kindertagen wissen

– die darf ich schlachten!

Schwierige Antwort

Ach Leben

warum lässt du dich

so schwer lieben?

Weil ich

frei sein will!

Sexueller Missbrauch

Riesenbusen

gegrapscht –

titelte

eine Journaille.

Doppeltes Strafmaß

fiel mir spontan ein –

für den Journalisten.

Silberhochzeit

Als ihr

vor 25 Jahren

»Ja«

gesagt habt,

wusstet ihr nicht,

von den vielen

vielleicht, ja aber

und

mal abwarten,

die kommen würden.

Aber eins ist geblieben

»Nein«

kommt nicht in Frage!

Solinger Worte – gegen Morde

Wie viele Worte

sind nicht gesagt worden

vor diesen Morden?

Wie viele Worte

werden nicht gesagt werden

nach diesen Morden?

Deutsche Worte

zu deutschen Tätern.

Heute müssen wir erst einmal

viele Sprachen lernen

um

»verzeiht uns«

zu den Opfern zu sagen.

31.05.1993

Sprung aus dem Leben

Sie

liebt sich

mehr

als das Leben.

Starkbiergarten

Stark

wie das Bier

bleiben wir

hier.

Straße der Freundschaft

Vor den Brückenpfeiler

auf der Autobahn

werde er fahren,

erzählte mein Freund –

wenn das Glaukom

ihm das Augenlicht

nehmen werde.

Auf die Fahrt

komme ich mit –

erwiderte ich und

über das Ziel

müssen wir

noch einmal reden.

Sucht

Irgendwo

hat sich in der

Suche

der

Teufel versteckt!

Vitus zur Einschulung

Liebe die Pflicht,

dann wird sie

Dir verzeihen,

wenn Du mit der Lust

fremdgehst –

alter Lüstling!

Vorauseilender Gehorsam

Töchter

glauben manchmal

ihren Müttern

mehr

als diese sagen.

Vorschlag

Hat man

den Schritt gegangen

kommt man

den Weg zurück.

Bleibt man

im Jetzt befangen,

sucht man

vielleicht sein Glück.

Wann?

Wann werden Sie merken,

dass ihr Land nicht geteilt werden kann –

weil es beiden gehört?

Wann werden Sie merken,

dass ihre Hauptstadt nicht geteilt werden kann –

weil sie beiden gehört?

Wann werden Sie merken,

dass der Tod des anderen nicht hilft –

weil er beide trifft!

Wann werden Sie merken,

dass ihr Gott ihnen nicht helfen kann –

weil (auch) er beider ist?

Wann werden Sie merken,

dass auch ihr Vorfahre »Kain«

nach dem Mord am Bruder

das »gelobte Land« verlor?

Werden Sie es merken?

Wir müssen Ihnen helfen.

Weihnacht

4 Kerzen brennen

die Menschen flennen

na,

ihr werdet's schon kennen!

Zu

Der Dichter

dichtete gestern nicht!

Er war einfach

zu dicht!